JN410609

마중물

마중물

김수봉 제9시집

세종출판사

••• 서문

이 시집은 부산 문화재단의 창작 지원금을 받아 한참에 8-9-10집을 출간하기 위해 특별히 애쓰고 준비한 작품집이지만 애석하게도 또 낙방의 고배를 마시게 되어 출간을 준비하던 작가로서는 큰 충격과 실망을 느낀 작품집이다.

물론 당첨된 사람의 면면과 과정을 상고해보면 억울하고 분한 면이 없지 않아서 감사 청구라도 하고 싶었지만 힘없는 민중의 안심입명하는 방법은 오로지 참고 견디는 것뿐이란 생각과 나의 창작활동이 원래 창작 지원금을 받기 위한 것이 아니었다는 생각에 귀거래사만 읊조리며 다시 마음을 다잡는다.

이 시집의 출간은 어려운 여건이 되었지만 더 이상 미룰 수가 없어 필자가 처음 결정했던 계획에 따라 8시집 '괜스레'와 10시집 '꼬투리' 등과 함께 출간한다.

작품은 총 170여 편의 작품 중 100편만 선정하여 실었다.

제목은 인간의 보편적 희망을 담아 '마중물'이라 했다.

구성은 5부로 나누고 각부마다 20편씩 창작한 월별로 신되 봄의 작품이 앞에 오도록 2022년 12월부터 2023년 4월까지 쓴 작품을 역순의 월月별로 실었다.

각부의 이름은 생략하고 창작된 월만 기록했다.

독자 재현의 격려와 질정을 기대한다.

2024.04.03.

김수봉 사룀.

차례

제2부 2023.03

제3부 2023.02

제4부 2023.01

제5부 2022.12

제1부

2023.04

연극배우

연극이 끝난 무대
떠나기 아쉬워 인사하고 또 하며
미련 두고 돌아서는 연극배우들

인생은 길어도 짧아도
우리 모두 무대에 선 배우들
저마다 역할에 최선을 다했다면
아쉬운 한탄이 무슨 소용

한편의 완성된 연극을 위해서는
주연 조연 단역이 합심해서
제 역할에 충실하면 그 뿐

끝난 뒤에 박수는 없다 해도
뒷모습 손가락질만 면한다면
나름의 성공한 연기와 배우

손 맞잡고 서로 어깨라도 쳐주며
함께 웃고 격려하면서 끝맺어야
해피엔딩 되는 것 아닐까

(2023.04.20.)

꽃바람

봄이 간다고 눈짓하면
꽃바람 불고
산에도 들에도 마음속에도
하늘하늘 꽃눈 내린다

눈보다 아름답게
꽃보다 섹시하게
꽃바람 불고
꽃눈 내려 쌓이면

내년을 기약하는
연분홍 꽃잎들
치맛자락 흔들며
휘파람 불고 가는데

봄바람에 꽃물 들어도
내년 기약 못한 인간들만
봄눈처럼 사라질 꽃바람 아쉬워
지는 꽃잎 잡고 한숨 쉬누나

(2023.04.01.)

마중물

펌프로 물을 퍼 올릴 때도
먼저 마중물을 부어야 하듯
어떤 가치 있는 것을 이루려면
반드시 필요한 마중물

낚시도 미끼가 필요하고
사업도 종자돈이 필요하듯
좋은 결과는 모두 마중물의 대가

마중물은 미끼처럼 사용되지만
인간 삶의 승패와 좋은 결과는
마중물에 달려 있을 뿐
마중물 없이는 불가능하다면

마중물은 단순한 미끼가 아니라
성공한 인생을 위해서는
오히려 몸통이자 본질이다

(2022.08.23.)

노포오시게시장

부산 지하철 노포역과 버스터미널
맞은편 인도에 펼쳐진 노포오시게시장

가는 날이 장날 우연히 마주친
추억의 어린 시절 환기하는 시간여행
특별할 것도 특별하지 않은 것도 없지만
사람들이 너무 많아 왁자지껄
시끌벅적 야단법석의 난장터

국화빵 감자떡 갖가지 산나물
대부분 오천원 이하 비싼 것은 만원
돈의 가치가 해마다 폭락하고
천정부지로 치솟는 물가에도
만원이 아주 큰 힘을 발휘하는 곳

돌아오는 건널목에 서 있는 사람들
흐뭇한 표정에 손마다 들려 있는
검은 비닐봉지 한두 개씩

나도 다시 오는 기회가 있다면
손에 한가득 비닐봉지 들고 싶다 (2023.04.18.)

그때 그 친구

오 육십 년 전
세월 따라 각자의 삶을 위해
특별한 기약도 감정도 없이
그냥 무심하게 헤어졌던
시골 중 고등학교 고향 친구들

오십여 년 만에
동기회를 한다고 만나자 한다
처음엔 새삼스럽고 서먹했지만
약속한 날이 가까워질수록
첫사랑의 연인을 기다리듯
괜스레 가슴 설레고 두근거린다

그때 그 친구들 어떻게 변했을까?
내 마음속엔 그때 그 시절의
순한 모습만 남아 있는 것을

지루한 장마 끝의 햇살처럼
목 타는 가뭄 끝의 단비처럼
그렇게 만나고 오갔으면

(2023.04.23.)

벚꽃

해마다 봄마다 구름처럼 피어나
어떤 꽃보다 화려하고 화사하게
봄을 봄답게 장식하는 벚꽃

인간 모두를
꽃 찾는 벌 나비로 만들고
어른도 동심으로 되돌려서
잠시지만 꽃보다 아름다운 환상을
꿈꾸게 하는 요술방망이다

식은 가슴에도 청춘의 춘심을
불러오고 생명을 잉태하고
낳게 하는 청춘의 잉걸불이자
가는 세월도 되돌리는 마술사다

너는 너무 빨리 져서 안타깝지만
봄마다 꽃피워 봄을 아름답게
봄 꿈꾸게 하고 봄을 호령하는
봄의 화신이자 봄의 화왕이다

(2023.04.01.)

사과의 부끄러움

사과가 얼마나 몸에 좋은 줄
모르면 건강을 지키기 어렵듯
사과할 줄 모르면 누구에게도
존중받기 어렵다

사과는 아침에 먹으면 금이 되듯
사과는 빠를수록, 그만두라 할
때까지 해야만 용서도 되고 새로운
미래도 가능한 것인 것을

부끄러운 줄도 모르고
사과할 줄도 모르는
후안무치한 정치인과
뻔뻔한 왜놈들
조상이 한 통속인가

사과의 맛과 뜻도 모르는
놈들과 이름이 같아서 사과는
오히려 부끄럽고 창피할 뿐이다

(2023.04.13.)

만남의 장소

지하철역 만남의 장소는
만남의 역설이다

매일 출근하듯 나오는 사람이나
한 자리에 시간 넘게 앉아 있는
사람은 만날 사람도 약속도
기다릴 무엇도 없는 사람들이다

오라는 곳도 갈 곳도 없지만
어디든 가고 싶은 익은 영감들
매일 대단한 곳에 나들이 가듯
자신의 제일 멋진 옷 차려입고
기다리거나 기다릴 사람 없어도
그냥 기다리기 위해 그곳에 간다

여러 사람이 둘러앉아 있어도
동병상련이 오히려 부끄러워
눈도 마주치지 않고 돌아앉아서
종일토록 카톡도 한 통 오지 않는
휴대폰만 가끔 열어볼 뿐

늦은 아침 먹은 뒤 점심은 점만 찍고
저녁때가 되면 기다리는 사람도
말 한마디 나눌 사람도 없는 집으로
내일의 어떤 기약도 없이 그냥 돌아간다

지하철역 만남의 장소는
도리어 만남의 역설이다

(2023.04.18.)

꽃 진 자리

마파람에 게눈감추듯
피는 듯 지는 봄꽃
온갖 봄 꿈 허무함만
더하기도 하지만

꽃 진 자리 새로 돋는 연두 잎
못다 한 봄꽃의 한을 풀려는 듯
어린 아가의 여린 손가락처럼
봄꽃보다 아름답게 피어나
아쉬운 봄을 달래준다

못다 한 사랑 아쉬워
눈물짓던 새들도 고목에
새잎 돋듯 꽃 사이 노닐 때보다
더 열정적 사랑 노래 부른다

만물에게 봄 꿈꾸게 하고
생명 주고 사랑 나누게 하는
봄마다 새로 피고 돋는 꽃과 연두
아마도 천사의 날개인가보다

(2023.04.03.)

너에게

아침 햇살처럼 맑은 달처럼
늘 함께 할 때는
가끔 바람 불고 구름 끼어도
너는 나에게 나는 너에게
언제나 사랑이고 별이었지만

어쩌다 너는 너대로 나는 나대로
영영 돌아서고 밤처럼 떠난 후에는
나는 꿈도 희망도 그냥 어둠이었다

너를 위한 일이라면
아무리 힘들고 어렵다 해도
웃으면서 부서지고 깨어지며

파도가 끊임없이 백사장을 적시듯
나도 파도처럼 너의 마음 적시고
스며들어 우리 사랑 몽돌처럼
아름답게 다듬고 만들어서

이슬처럼 파도처럼
끊임없이 적시고 스며들어
아름답게 꽃피우고 싶다

(2023.04.19.)

발(足)

아기 때의 발은 몸의 어떤 부위
못지않게 귀엽고 사랑스럽지만
노년의 발은 발바닥 모서리마다
굳은살이 박히고 갈라 터져서
볼 때마다 애처롭기만 하다

종일토록 자신의 몸무게를 혼자
감당하며 몸의 다른 부위처럼
몸을 위해 봉사하고 희생하지만
대접은 언제나 민초들의 삶처럼
애를 쓸수록 그래서 험해질수록
오히려 천시하고 무시당한다

매일 복수와 파업을 꿈꾸면서도
자식을 위한 부모의 마음처럼
발은 아무런 불평 없이 묵묵히
아픔과 서러움을 분수로 여기며
오늘도 원망 없이 스스로 감내할 뿐

(2023.04.29.)

오세요

언제 오시나요
오시면 볼 수도 있나요
그날이 언젠가요

더 기다려야 하나요
남은 시간이 많지 않은데요
곧 떠나야 할지도 몰라요

무엇을 더 드릴까요
가진 것은 오직 사랑과 눈물
그리움과 한숨뿐인걸요

어떻게 할까요
그만 잊으라고요
차라리 지구를 떠날께요

오세요. 꿈에라도 오세요
신의 없다 원망 않을께요
자주 자주만 오세요
제발.

(2023.04.19.)

변덕스런 인심

밤 잔 원수 없고
날 샌 은혜 없다는 말
참 비겁하고 변덕스런 말이지만
가끔은 어제를 넘어 오늘을
살게 하는 힘이 되기도 한다

엊그제까지 봄꽃이 천지를
뒤덮었을 때는 봄꽃 없으면
봄도 아니라는 듯 사랑했지만

어제는 진종일 봄비 내리고
봄꽃 다 떨어진 오늘 아침
봄꽃을 애도하면서도

꽃 진 자리에 돋아난 생기발랄한
연두의 색감을 본 뒤에는
금방 샘솟는 사랑 어쩌지 못한다

연두가 어찌 봄꽃을 대신하랴만
어쩔 수 없는 자연의 섭리라면
울다 웃으면 고운 얼굴 수염 날지라도

모르는 척 넘어가는 변덕의 인심
오히려 고통과 슬픔을 넘어 새로운
삶을 살 수 있게 하는 지혜 아닐까

(2023.04.06.)

봄과 꽃

꽃이 핀다
봄이 오고
꽃이 진다
봄이 가랴마는

꽃이 피지 않은 봄은
봄이 와도 봄 같지 않고

꽃이 진 봄은
봄이 가지 않아도
이미 봄이 아니듯

봄은
피는 꽃을 타고 오고
지는 꽃을 밟고 가는 것

봄은
꽃이 피어야 오고
꽃이 지면 가고 만다

(2023.04.01.)

봄비 젖은 고우니길*

종일토록 봄비 부슬거리는 날
고적감 떨치려 나서본 고우니길
희미하고 어둑한 안개와 빗줄기
바다의 수평선만 앞당기고

사월이 저무는 때이건만
데크 아래에 넓게 펼쳐진 갈대밭
우리나라 정치와 정치인들처럼
아직도 겨울잠 깨지 못한 듯
추레하게 서 있을 뿐

사방을 둘러봐도
철 지난 해수욕장 바닷가에는
나처럼 비 맞으며 혼자 걷는
사람만 가끔 보인다

황량한 모래톱과 모래밭의
비에 젖은 적막한 고우니길
갈매기조차 날지 않고
생명을 잉태한 파릇한 새싹은
오히려 고적을 키울 뿐 (2023.04.25.)

* 고우니길 : 부산 다대포 해수욕장 옆의 갈대숲에 만들어 놓은
데크의 산책길.

액세서리

역할에 비해 언제나 가치가 폄훼되고
있어도 없어도 그만이라 취급당하는
것이 액세서리의 운명이라지만

주인공이 돋보이는 것은 주인공의
빛나는 연기보다 조연이나 단역의
도움이 더 크게 작용한다는 점에서
액세서리는 억울함이 없지도 않다

찐빵의 팥소는 찐빵이 없어도
팥소만의 고유한 맛으로 사랑을 받듯
액세서리는 사용자 없어도 원래 자체
발광하는 존재였기에 어떤 사용자를
만나도 사용자를 자신보다 훨씬
돋보이게 만들어 주는 그런 존재다

인생도 주변적 인물은 중심인물을 위한
조연일 뿐이지만 중심인물만 못한 인생도
액세서리처럼 빛나지 않은 인생도 없다

(2023.04.14.)

봄철의 산행

연두가 봄꽃을 대신하는 봄날
숲속 오솔길을 걷는 것은 행운

꽃 진 자리 피어난 연두는
보는 눈을 시원하게 유혹하고
봄바람이 식은 가슴을
괜스레 두근거리게 할 때
나무에서 뿜어내는 생기는
저절로 생의 활기를 더하는 덤

한겨울 움츠리며 응축해
두었다가 한꺼번에 떨쳐내는
활기차게 파릇한 생기에
인간도 일상의 근심 걱정 잊고
몸과 마음 파랗게 물든다

숲속은 언제나 나름의 멋과
아름다움 있지만 봄철 숲에서
뿜는 생기와 활력은 인간에게
주는 자연의 특별한 선물

(2023.04.09.)

안타까움

이유 없이 너무 걱정하고
도움을 주겠다면 보이스피싱

지나치게 칭찬하고
소쿠리 비행기 태우면 사기꾼

까닭 없이 너무 다정하고
친절하게 다가오면 장사꾼

듣기 좋은 말 몸에 해롭고
입에 쓴 약 몸에 이롭듯

분수에 넘친 칭찬과 친절
언제나 속셈 있는 말과 행동

불공은 무례 과공은 비례
눈뜨고도 코 베이는 못 믿을 세상

(2023.04.21.)

시작과 끝

세상의 모든 존재는
반드시 시작이 있고
시작은 언제나 끝이 있다

피는 꽃은 반드시 지듯
생명을 받은 모든 존재는
반드시 죽는다

다만 죽음과 끝은
이 마당에서
저 마당으로 건너가는
또 다른 시작일 뿐
그냥 끝나는 죽음도 없다

시작과 끝은 모양과
성질이 서로 다르지만
끊임없이 순환하고 반복할 뿐

시작은 다른 끝이고
끝은 또 다른 시작일 뿐이라서
마침내 시작도 끝도 없다 (2023.04.11.)

새끼손가락

다섯 손가락 가운데 가장 변두리에
짧고 가늘고 약하게 태어난 새끼손가락
하는 일도 엄지나 다른 손가락과는 달리
기미상궁도 아니면서 쓴 약이나 음식을
맛보거나 허드렛일들만 덤으로 더하고

맡은 일은 아무리 잘해도 칭찬은
언제나 엄지척하며 엄지가 듣고
큰일이 있을 때는 군더더기를
잘라내듯 희생양으로 새끼손가락을
잘라 맹세하고 피를 바치기도 한다

어쩌다 약속을 할 때도 가장 만만한
새끼손가락을 걸고 맹세를 하기도
하지만 잘 지켜지면 본전 잘 못 되면
새끼손가락 걸고 한 약속이 무슨 의미가
있겠는가 하며 무시하고 폄훼한다

그래도 열 손가락 중에 깨물어서
아프지 않은 손가락은 없다는 말에서
위안을 받으며 자꾸만 변두리로 밀려

나기만 하면서도 언젠가 좋은 날이 올
것이란 기대만으로 사는 민초들처럼

새끼손가락은 오늘도 특별한 일도 없이
괜히 엄지의 눈치를 보며 엄지척을 위해
묵묵히 자신의 길을 갈 뿐이다

(2023.04.27.)

제2부

2023.03

3.1절의 기도

오래 살고 죽지 않으려
불노초와 불사약을 찾았던
진시황제 반백 년도 못살았고

의약이 발달하고
건강을 위한 수많은 비법이
오히려 건강을 해칠 지경이라도
죽지 않고 영생하는 자 없지만

죽어도 죽지 않고
영생하는 삶도 있고
살아도 죽기를 바라고
살수록 죽음만 못한 삶도 있다

안중근 의사는 죽어도
죽지 않고 민족의 가슴속에
영원히 살아 있고
이완용과 이등박문은 살아도
오히려 죽어야만 했던 그런 존재다

3.1절을 맞아
국가와 민족과 이웃을 위해
자신을 희생했던 지사와 열사들
민족의 가슴속에 영생하기를 (2023.03.01.)

오는 봄

봄은
도둑고양이처럼
사뿐사뿐 몰래 온다

봄은
몰래 와도
만물의 생명을 일깨우고
꿈과 희망을 키우고
환상을 심는다

봄은
더디게 오지만
천지에 온갖 꽃을 피우고
사랑을 용솟음치게 한다

봄은
자랑하지 않고
욕심부리지 않아도
만물이 경외하고 사랑하는
생명의 절대 신이다

(2023.03.01.)

낙동강 둑 벚꽃 길

한낮의 꽃 터널
무진장 핀 꽃들 너무 하얘서
오히려 어둑한 꽃그늘

너무 아름답고 사랑스럽고 귀여워
가슴속은 간질간질 자지러지며
꼭꼭 깨물어주고 싶은 마음
어떤 말로도 적합한 찬사의
말을 찾을 수 없다

벚꽃 길을 가장 사랑하고
예찬하고 아첨하는 말은
그냥 '한 송이 꽃이다'라는 말뿐

30리 벚꽃 길 계속 걷자니 힘들고
그만두자니 안타까워
꽃그늘에 주저앉아 망연자실
마냥 꽃을 바라보고 감탄하며
꽃과 하나가 될밖에

낙동강 둑의 벚꽃 길은
그냥 한 송이 꽃이다　　　　(2023.03.31.)

벚꽃 사랑

벚꽃 그림자 차일 삼아
꽃방석에 앉아보면

언제 어디서 왜 왔는지
알 수는 없어도
연두나 녹음 속에서는
볼 수도 없던 새들

끼리끼리 모여들어
자지러지게 노래하며
꽃 속에서 사랑 나눈다

하늘 감감 하얀 꽃 속에
사랑 겨운 온갖 새들
대놓고 서로 부르는
불타는 세레나데

철 지난 익은 청춘도
속절없이 달뜬 가슴
꽃보다 더 붉다

(2023.03.25.)

봄의 화신

봄마다 나뭇가지에
소리 없이 팡 팡 팡
팝콘처럼 터지는 벚꽃
팝콘보다 화사하고 아름다워서
어떤 찬사와 아첨조차 부족하다

산수유 매화 진달래
온갖 꽃들이 제멋으로
봄을 마중하고 찬양해도
벚꽃이 천지에 봄을 피우고
봄을 구가해야 봄이 봄 같다

사람마다 좋아하는
봄꽃은 서로 달라도
누구도 벚꽃의 화사함을
부정하고 타매하는 사람 없듯

누가 뭐래도 벚꽃이야말로
진정 봄의 화신이자 화왕 아닐까

(2023.03.13.)

부민산*

눈 덮인 설산의 설봉처럼
봄마다 한 떨기 거대한 꽃봉으로
새로 피어나는 부민산

이른 봄부터 겨울의 어둡고 칙칙한
옷을 벗고 백설이 누리를 뒤덮은 듯
봉우리 전체가 벚꽃의 환상을 빚어내면

어린 시절 겨울 아침 눈 비비며
방문을 펄쩍 열었다가 밤사이에
새로 만들어진 순백의 눈 세상
자연을 경외하며 환호했듯

산봉우리를 뒤덮은 벚꽃의 향연
사람마다 눈 덮인 순백의 설경이나
복사꽃의 무릉도원을 꿈꾸게 한다

부민산은 봄마다 순백의 벚꽃이
설경보다 아름다운 화신의 신세계나
신선들이 산다는 선경을 꽃피운다 (2023.03.24.)

* 부산시 서구 부민동 야산 이름

낙화

땅바닥에 등대고
떨어져 누운 꽃잎
조상하는 새소리 들으며
'이미 열매 맺어 할 일 끝내고
제 때에 왔거늘
울기는 왜 울어' 한다

'그래도 너무 짧고 아쉬워
눈물 납니다.' 하면

'울지 말게나
나 떨어져 변신하면
초목의 자양분 되어
다시 꽃도 열매도 식물도 되고
식물을 먹은 짐승도 새도 되니

그들 속에 나 있고
내 속에 그대와 그들이 있는데
울 이유가 어디 있는가' 할 때

갑자기 바람에 날리며
휘파람 불며 떠나는 낙화 (2023.03.02.)

물의 뼈

동물이나 건물의 구조물이나
이야기 속에도 몸을 지탱하기
위해서는 반드시 있어야 하고
없으면 설 수도 살 수도 없는 뼈

힘도 없고 연약하고 부드럽고
언제나 낮은 곳으로만
흐르는 물에도 뼈가 있다

물의 뼈는 누구도
볼 수도 알 수도 없고
죽거나 말라서 사라진 뒤에야
뼈를 세우고 남겨서 보여줄 뿐

물은 가장 낮고 연약해서
정해진 모양조차 없지만
물의 뼈가 오히려 별처럼
빛나고 아름다운 것은
죽은 뒤에야 뼈를 보여주며
자랑하지 않기 때문 아닐까

(2023.03.05.)

인생 꽃길

봄마다 꽃들이 만든 환상의 별천지
꽃길을 걷다 보면 현란한 꽃들의 향연에
선계의 신선이 된 듯 착각에 빠지지만
봄은 너무 짧고 꽃길도 너무 빨리 끝나
언제나 아쉬움만 남듯

인생 꽃길은 만들기도 어렵지만
만든다 해도 스스로 꽃길인 줄 알기도
어렵고 꽃길인가 하면 벌써 끝나버려서
자연의 꽃길처럼 안타깝긴 마찬가지

자연의 꽃길이 겨울의 모진 추위와
꽃샘추위도 이기고 감내해야 가능하듯
인생의 꽃길도 그만한 대가를 지불해야
진정한 꽃길이 가능할 뿐이라면

인생의 진정한 꽃길은 기다리기보다
당면한 현실을 꽃길이라 여기고
주어진 현실을 즐길 때만
꽃길이 되는 그런 길 아닐까

(2023.03.29.)

혼자 살기

여럿이 함께 있어도 혼자고
혼자 있어도 혼자인 노년

종일토록 말 한마디
주고받을 사람 없고
서로 눈이라도 마주칠
사람조차 없다고
슬퍼하거나 징징대지 말자

말 많으면 늙어서 노망났다 하고
말 없으면 말을 잊은 치매라며
중천의 요양 병원 보내진다

어차피 혼자 왔다가
혼자 가는 인생
살 만큼 살았으니

혼자 사는 것도
나중에 혼자 갈 때를 위해
미리 연습하는 것이라 생각하자

(2023.03.26.)

조급한 개나리

해마다 매화나 산수유와 봄을 다투고
아름다움을 겨루던 뒷동산의 개나리
대한 무렵의 때아닌 따뜻한 날씨에
서둘러 꽃피웠다가 며칠 만에 지고 말았다

봄 마중 나온 매화 축제가 한창이고
모든 생령들이 봄을 환호하는 함성
천지에 가득하지만 아직도 겨울잠 깨지
못했는지 시들시들 겨우 눈만 틔운 개나리

때를 알고 기다릴 줄 아는 자만이
진정한 성공을 얻고 행복을 누릴 수
있다는 순리를 알려주려는 듯

빨리 빨리가 우리의 장점이 되고
조급함이 일상이 된 우리의 현실이지만
때를 알지 못하고 기다릴 줄 모르면
서두를수록 낭패만 본다는 개나리의 증언

(2023.03.07.)

진달래

곳곳에서 산수유 매화
축제가 한창인 때에
벌써 진달래도 연분홍
치맛자락 펄럭인다기에

명자와 진달래 꺾던 어린 시절
고향 마을 향수 젖은 추억 그리며
봄 마중하러 올라 본 엄광산

산수유만 간혹 노란 웃음 흘릴 뿐
진달래는 아직도 실눈만 반쯤 뜨고
때가 되면 어련히 알아서 필 것이니
지청구 그만하라 핀잔만 준다

언짢은 마음에 쓴웃음 삼키며
내려올 때 춘기에 겨운
새들의 노래 소리만

봄은 마음으로 오는 것이니
진달래가 피지 않았다
봄이 어찌 멀리 있으리오 위로한다 (2023.03.10.)

침묵과 다변多辯

대척점에 서서 서로 경원시하지만
언제나 상호 보완적인 침묵과 다변

말로써 말 많으니 말 말을까 하노라
혀 밑에 도끼 있어 자신을 찍는다는
말은 침묵을 옹호하는 말들이지만

말로써 천 냥 빚을 갚을 수도 있고
어떤 오해도 말을 해야 풀 수 있다는
말은 다변을 옹호하는 말이라서

쓸데없는 말은 줄이고
필요한 말은 반드시 해서
상호 소통을 통한 이해의 폭을
넓히는 것이 중요할 뿐

약육강식이 상호 생명력을 강화하듯
침묵과 다변은 때와 장소와 상황에
따른 요구의 문제일 뿐 일방적으로
하나만 필요하고 좋은 것은 아닐 듯

(2023.03.03.)

그믐달

왼쪽으로 등은 굽었지만
오른쪽으로 배가 점점 불러서
머지않아 만월의 영광을
누리게 될 초승달과는 달리

오른쪽으로 등이 굽고
왼쪽에서부터 점점 배가 꺼져서
머지않아 생을 마감하게 될
꼬부랑 할머니 같은 그믐달

이른 저녁 하루의 일과를 끝내고
술시에 술 한잔 걸치고 느긋하게
귀가하는 팔자 좋은 사람들이
반겨주는 저녁달이 아니라

노란 조끼에 주린 배 움켜쥐고
폐지 주우러 나온 하층민이나
밤잠 설치고 한을 곱씹으며
새벽하늘 쳐다보며 한숨짓는
자만이 볼 수 있는 그믐달

눈매는 아미처럼 아름다워도
기개는 거궐처럼 날카롭고
품은 한은 얼음 밑을 흐르는
시냇물보다 차갑고 서럽다

(2023.03.12.)

바람

소리 소문도 없이
흔적도 자취도 없이
살그머니 들어온 바람

따뜻한 봄바람인가
시원한 산들바람인가
가슴에 품고 가까이 했더니

점점 뜨거워져
마침내 물결이 일고
바람 들어 흔들리자

심술 바람 불었던지
온다 간다 말도 없이
슬그머니 사라졌네

가려거든 흔들지나 말든지
흔들었으면 가지나 말든지
흔들고 가는 당신
아마도 겨울바람이었던가

(2023.03.18.)

한파주의보

누구나 미워하는 꽃샘추위
조바심 난 꽃의 웃자람 방지하고
때에 맞는 성장 도와주는 은혜이듯

수족관의 물고기가 시들시들할 때
그들을 잡아먹는 메기 한 마리가
오히려 생기와 활력을 주듯

갑작스런 더위로 한꺼번에
지천이 된 꽃들 더위를 먹었는지
시들시들할 때 내린 한파주의보
꽃들에게 생기를 되찾게 한다

엄한 아비 밑에 효자가 나듯
삼월 하순의 한파주의보도
꽃을 시샘하는 꽃샘추위가 아니라
오히려 꽃을 위한 사랑이거나
은혜 한파이기를

(2023.03.27.)

화해

엎드려서 절 받고
빌어서 화해하고 용서하기는
비겁하고 못난 자의
자기 과시를 위한 허장성세일 뿐
진정한 존중이나 화해가 아니듯

약자가 강자에게 용서를 베풀고 화해를
요구하는 것은 또 다른 굴종이거나
비겁한 자신의 과시일 뿐
어떤 용서나 화해라 할 수 없다

용서나 화해는 힘을 가진 쪽에서
베풀 수 있는 최선의 행동일 뿐
약자가 강자에게 베풀고
손 내밀 수 있는 행위가 아니듯

일본의 잘못을 용서하고 화해하겠다며
일본의 강제 동원 배상금을 국내 기업이
대신 배상하고 사과한다는 것은 길 가던
똥개가 들어도 배를 잡고 웃을 일

민족자존을 팔아먹는 화해가 무슨 영화를
누리려는 것인지 알 수는 없지만 화해와
영화는커녕 또 다른 굴종만 맛보지 않을까
걱정된다면 역사를 모르는 무식의 소치일까

(2023.03.06.)

후유증

달님은 온 줄 몰라도
아침마다 풀잎에 이슬을 남기고
해님은 하루 종일 그림자를 남기듯

이 세상에 온 모든 존재는
본의든 아니든 갈 때는
반드시 흔적을 남기지만

이순신 안중근 홍범도 같이
국가와 민족을 위해 목숨을 바친
인물은 청사에 꽃다운 이름을 남기고

얼결에 로또에 당첨된 사람은
오히려 파산이란 후유증을 남기고
부부 싸움은 이혼과 한 부모 가정이란
후유증과 자식의 한만 남긴다

어떤 자취를 남기느냐는
개인의 선택이나 운명 때문이라 해도
후유증은 언제나 아프기만 한 것을

(2023.03.04.)

가는 봄

봄이 가네
오는 듯 봄이 가네
아무리 붙잡아도
차마 떨치고 가네

봄이 가면 그뿐
봄을 품은
내 꿈도 희망도
사랑도 가네

오지 않았으면
갈 일도 없으련만
소리 없이 왔다가
갈 때는 뿌리치고 가네

봄이 가네
몰래 왔다가 소리치며 가네
가려거든 꿈은 두고 가든지
꽃조차 데리고 가네

(2023.03.01.)

시의적절한 평설

농작물은 주인의 발자국 소리를
들을수록 잘 자란다지만
옮겨 심은 나무는 걱정이 지나쳐서
매일 흔들어보고 잡아 당겨보면
오히려 뿌리가 말라 죽게 되듯

아이 키울 때도 칭찬은 적게 하고
사소한 문제나 잘못을 찾아내어
일마다 꾸짖고 나무라면
도리어 아이가 엇나가거나
자신감을 잃게 된다

문학 작품집의 자청한 평설은 작품의
어려운 내용을 해설하고 장점을 찾아
작가를 격려하며 나아갈 더 좋은
방향을 제시하는 것이 목적인데도

거론하지 않아도 될 사소한 흠결을
콕 찍어 지적하고 부각에만 힘쓴다면
시의적절한 훌륭한 평설이 될까

(2023.03.03.)

제3부

2023.02

달집 태우기

달집이 탄다
검은 연기가 피어오르고
불길이 하늘로 치솟는다

사람마다
두 손 모으고 비손한다
근심 걱정도 함께 탄다

달이 떠오른다
처용이 노닐던 달밤
월인천강 조요하다

사람들이 춤춘다
사람마다 벅찬 가슴
달빛 이미 환하다

근심 털고 희망 품은 사람들
내일 향한 발걸음
저절로 가볍다

(2023.02.06.)

봄비

가을비는 내릴수록
단풍이 울지만

봄비는 내릴수록
봄꽃이 웃어

촉촉한 대지
소리 없는 생명의 함성
천지에 가득하다

대한에 꽃피었다가
혼쭐난 개나리

때는 이제 내 편이다
웃는 모습 꽃이다

인간 마음도
봄비 맞아
웃음꽃 피었으면

(2023.02.10.)

삶이란

삶이란 바람이다

어디서 왔다가
어디로 가는지
알 수는 없지만
그냥 왔다 가는 바람이다

강하거나 약하게 불 수도
좋을 때도 싫을 때도 있지만
느낄 뿐 실체는 볼 수도 없고
왜 왔는지도 모르고
왔는가 하면 금방 가버린다

오래 불든 짧게 불든
있으면 더 좋지만
없어도 있어도 그만
바람은 지나갈 뿐
결코 머물지 않는다

삶이란
그냥 지나가는 바람이다 (2023.02.13.)

위대한 생일 밥상

"아빠 내가 소금 쳐 줄게" 하며
자기의 돼지국밥 그릇에서 건더기를
건져 아빠의 국그릇에 담아주는 딸

냄새 나는 거지라고 나가라 해도
예약석이라 자리가 없다 해도
꼬깃꼬깃 접은 천 원짜리 몇 장과
땀내 배인 동전 몇 개로 먼저 계산하고
빨리 먹고 가겠다며 억지로 자리에 앉은
눈먼 아비와 아홉 살의 어린 딸

분위기를 눈치챈 아비가
'그냥 나가자' 했지만
"아빠 오늘은 아빠 생일이잖아
내가 특별히 한턱 쏘는 거야"하는
딸의 애교에 보이지 않는 눈에
눈물을 감추며 먹는 눈물의 국밥

아비는 딸의 효심에 목이 메고
딸은 아빠의 안타까운 현실에
가슴이 메는 위대한 생일 밥상 (2023.02.22.)

입춘立春

한파와 황사가 기승을 부려도
와야 할 봄은 반드시 오고
언제나 꿈과 희망과
아름다운 환상과 기대를 준다

입춘은 봄이 아직 멀리 있어도
먼저 마음속에 봄을 심고 세우는
봄에 대한 기대이자 희망이다

희망과 기대를 심고 세운 입춘은
추워도 춥지 않고 마음이 상해도
낙담조차 넘어서게 한다

세월은 늙어도 해마다 봄이 오듯
몸은 식어도 마음은 뜨거우니
익은 청춘의 가슴속에도
새봄을 심고 세우면 어떠리

(2023.02.05.)

계곡

산의 가슴을 찢고 태어난 계곡
산의 속마음이자 아픔이다

깊고 큰 계곡의 우거진 숲과
끊임없는 맑은 물소리
선경이라 감탄하지만
계곡 속에는 아픔만큼 많은 바위가
울퉁불퉁 물길을 막아 굴곡지고
폭포를 이루어서 험하고 위험할 뿐

낮고 오래된 산의 얕은 계곡은
볼품은 없어도 큰 돌들은 이미
깨어져 굵은 모래가 되고 흐르는
물은 적어도 실개천을 이루어
사철 맑은 물이 졸졸 흐른다

산의 속내가 겉모습과 저리도
다른 것은 산도 사람처럼 늙으면
어지러운 세태와 삶에 속이 다 타서
뭉그러졌기 때문은 아닐까

(2023.02.12.)

봄은 언제 오는가

봄은 입춘이나 우수의
절후에 따라 오는 것이 아니라
마음으로 색깔로 온다

갑자기 햇볕이 따뜻해지고
사람마다 검고 두꺼운 겨울옷 대신
가볍고 화사한 옷 바꿔 입을까
망설일 때면

황사의 흐릿하고 누런 하늘을
봄의 색깔인가 착각하고
뿌연 환상의 꿈을 꾸게 될 때면

산천이 여전히 잿빛이라도
괜스레 연두와 푸른빛이
도는 듯 여겨질 때면

꽃샘추위가 아무리 기승을 부리고
황사가 날마다 범벅이 되고
산천이 여전히 잿빛이라도
봄은 벌써 우리 곁에 와 있다 (2023.02.23.)

봄의 얼굴

세상에는 공짜가 없고
얻기 어려울수록 값이 비싸고
좋고 멋지고 화려한 것일수록
반드시 그만한 대가를 지불해야 해서
마침내 시련은 결과의 가치를
결정하는 시금석이 되듯

개선장군의 당당하고
엄숙하고 화려한 겉모습도
개선할 때까지 수많은 전투 속에서
찔리고 베인 고통과 상처를 갑옷으로
감추고 있을 뿐이듯

봄도 올 때는 꽃샘추위와 황사와
가뭄과 건조주의보를 전령 삼지만
사납고 추악하고 거친 얼굴 뒤에
숨겨진 따뜻한 마음 하나로
시련과 고통이 강한 만큼 더 큰
꿈과 희망과 환상을 주며 화사하고
아름다운 꽃으로 피어난다

(2023.02.26.)

왜 하필

노래 경연의 맞대결에서
노래 가사를 잊어버린 가수
결혼 날짜를 잡자 등창 난 노처녀
물수자(水)에 막힌 공자님

왜, 하필 결정적인 순간
공자님은 어렵지도 않은
물수(水)자에 막혔을까

천신만고 끝에 결혼 상대자를
만나 혼인 날짜를 잡았는데
평소에 건강하던 노처녀가
왜 하필 그때 등창이 났을까

평소 수 백 번 노래 불렀고
경연을 위해 연습도 많이 했는데
왜 하필 그때 가사를 깜빡했을까

왜 하필 그때는
운명이고 팔자소관일까
정말 팔자와 운명은 있는 것일까 (2023.02.16.)

우수雨水의 성격

비가 와서 우수일까
비가 오기를 기다려서 우수일까

겨울 동안 웅크리고 숨죽였던
대지에 새 생명을 주고 활기를
주는 단비라야 우수지

해마다 우수에는 비가 오고
와야 하기에 만물이 비를
기대하고 기다리지만

오히려 날씨는 답답하고 텁텁한
황사 먼지가 천지를 뒤덮어
인간의 숨쉬기만 위협할 뿐

우수에도 기대와 현실이 항상
어긋나고 빗나가서 우수雨水가
오히려 우수憂愁가 되는 것은

인간의 삶이 희망과 기대보다
세월이 흐를수록 갈등과 불신만
더해가는 것과 같은 이치 (2023.02.19.)

장수와 단명

얼마를 살면 장수이고
얼마나 빨리 죽으면 단명일까

백세 이상 살면 장수라 하고 절반인
오십 세도 못 살면 단명이라 하지만
나이는 상대적 객관적인 기준일 뿐
당사자의 주관적 판단은 아니다

백세 넘은 사람은 죽음을 앞두고
장수했으니 죽어도 좋다 할까
천만의 말씀 개똥밭에 굴러도 이승이
저승보다 낫다고 했는데

아무런 희망이 없고 할 일도 없으며
하기도 싫어서 삶이 마냥 지겹고 지루한
사람은 언제 죽어도 장수한 사람이고

해야 할 일이 많이 남았고 무엇이든
할 수 있고 하고 싶어 매일이 바쁜
사람은 백세를 넘어도 단명이듯

장수와 단명은 객관적 주관적 평가가
서로 맞아떨어질 때의 나이 아닐까 (2023.02.01.)

인생 나들목

세상에 들어올 때는 울어야
남들이 웃고
나갈 때는 웃어도
남들이 우는 인생 나들목
누구를 위해 웃고 우는 것일까

들어오는 사람이
줄어든다 걱정하고
나가는 사람이
늦다고 걱정하는 나들목
누구를 위한 걱정일까

나갈 것을 걱정하려면
들어오라 하지나 말든지
빨리 들어오라 재촉해놓고
나가라 재촉하는 것은
무슨 심보인가

태어나는 자는
태어나고 싶어 태어났으며
늙고 병든 자는

그렇게 살고 싶어서 살겠는가

들어오지 않았으면
나갈 일도 없을 텐데
차라리 문을 닫고 말든지

(2023.02.17.)

정월 대보름달

달마다 찾아오는 보름달이지만
해마다 한 번뿐인 정월 대보름

처용신도 힘을 얻고 음기를 축적해서
역신도 축출하고 소원 성취했던 달밤

달집 태우며 비는 소원
이룰 수 있다고 누가 믿을까마는

타는 달집에 근심 걱정 태워버리고
보름달에게라도 빌고 싶은 소망

달집 태우며 두 손 모은 가슴속에
달님의 정기가 넘치도록 가득 차서

사람마다 만사형통 소원성취
역귀도 물리치는 대보름 되었으면

(2023.02.05.)

숙취

단맛은 누구나 좋아하고
모든 먹거리를 맛있게 만들지만
지나치면 건강을 해치게 되듯

술도 여러 가지 장점이 있고
삶이 쓸수록 단맛이 나지만
술이 달면 술이 술을 먹고
마침내 사람을 먹게도 된다

과음은 호기와 숙취를 부르고
언제나 후회를 남기게 되어서
숙취는 며칠이면 회복 되지만
후회는 쉽게 회복되지 않는다

숙취와 후회를 줄이려면
술은 쓴맛으로만 마시고
단맛이 느껴질 때는 이미 술잔을
엎어야 하는 그런 것 아닐까

(2023.02.15.)

쓴맛

몸에 좋은 약은 입에 쓰고
입에 단 약은
몸에 해롭다는 말처럼

술도 입에 쓸 때는 몸에 좋지만
술맛이 달게 느껴질 때는
벌써 몸에 해로움을 남기듯

인생도 쓴맛을 많이 본 사람은
엔간한 어려움은 쉽게 극복하고
단맛 나는 삶을 살 수 있지만

단맛만 즐기며 살아 온 사람은
작은 어려움을 만나도
스스로 해결하고 넘어서지 못해
마침내 인생의 쓴맛을 맛보게 된다

쓴맛은 누구나 싫어하지만
오히려 입맛을 돋우고 건강을 지키며
인생을 단맛 나게 만드는 진미다

(2023.02.19.)

잔치의 성격

친목과 기념을 위해 함께 모여서
단순히 축하하고 즐기는 파티와는 달리
잔치는 이 마당에서 저 마당으로
건너감을 축하하고 더 높고 더 나은
곳으로 나아가기를 기원하는 통과의례다

결혼식 돌잔치 당선 승진 등의 잔치는
당사자의 좋은 일을 축하하고 격려하고
기뻐하는 모임이지만 단순히 그 사실이나
상황을 축하하고 즐기는 것만은 아니다

잔치에 참석한 사람은 변화되고 발전된
상황을 인정하는 증인이며 다음 단계로의
발전과 행운을 기원하는 축원자다

새로운 마당으로 진입한 사람을 인정하고
증언하고 축하하고 격려하고 기뻐하는
잔치는 단순하게 먹고 마시며 즐기는
쾌락의 장만이 아니라 삶의 다음 단계로의
진입을 알리고 축하하는 통과의례다

(2023.02.14.)

좋은 작품

사람이 생겨난 뒤 윤리 도덕이
생겨나고 잘 잘못이 평가되었듯
작품이 먼저 있은 후에
형식과 특징이 정해졌고
형식에 따른 평가도 생겨났다

작품에 대한 호불호의 평가는
전문가에 의해 주로 결정되지만
아름답고 좋은 꽃은 농부와 경매사에
의해 결정된다기보다 구매자나
벌 나비에 의해 결정되듯

전문가도 하나의 향유자일 뿐이라서
진정 훌륭하고 좋은 작품은 작가나
평가자보다 보고 듣고 즐기는
일반 독자 청자 시청자 관람자 등
향유자에 의해 결정된다

향기가 없거나 좋지 않고
모양도 변변치 않은 꽃은
전문가나 농가에서도 꺼려하지만

사람들이 이유 없이 그런 꽃을
오히려 더 사랑하게 되면
마침내 전문가의 평가도 달라지고
이전과 달리 도리어 멋진 꽃으로
환호와 평가를 받게도 되듯

전문가의 분석과 평가는 작품에
영향을 미치기도 하지만 그들의 평가도
향유자들의 호불호에 따라 평가가
오히려 바뀌거나 달라질 수도 있어서
향유자의 위치는 전문가보다 위에 있다

훌륭하고 좋은 작품은 각자의 장르나
감상하고 향유하는 방법이나
향유자들에 따라 서로 다르지만
공통점은 어떤 작품도 많은 향유자들이
좋아하면 좋은 작품이 된다는 것이다

그렇다고 작품이 향유자의 취향만
추종하는 통속적인 작품이 되어서는
안 되겠지만 향유자의 취향과 경향을

무시하고 군림하려 해서는 더욱 안 되듯
작가는 향유자를 선도하고 앞서가야
할 뿐인 것이 작가와 작품의 운명 아닐까

(2023.03.17.)

깨진 거울

금이 간 거울
아무리 조심해도 금이 커지다가
마침내 깨지고 만다

버리기 아쉽고 안타까워
장인을 시켜 때워보지만
볼 때마다 조각조각
얼굴이 울고 있어서
어쩔 수 없이 버려야 한다

부부 싸움도 칼로 물 베기
비온 뒤에 땅이 굳어진다지만
부부도 마주 보는 거울 같아서
금이 가면 다시 베지 않아도
붙기보다 끝내 깨지기 마련

한번 금 간 거울은 버려야 하고
어차피 새 거울로 바꿔야 하듯
금 간 부부도 억지로 땜질하기보다
차라리 버리는 것이 현명 아닐까

(2023.02.28.)

운수 좋은 날

여보세요 ○○○씨 휴대폰이죠
오늘 만나기로 약속했는데
안 나와서 전화했습니다

남편이 아침에 외출 준비하다가
쓰러져서 병원에 왔는데
뇌출혈이라 해서 수술 중이란
부인의 다급한 목소리

지하철 경로석에서 우연히 만나
통성명하고 다음에 문학 토론하며
술 한잔하기로 약속했던 사람

몇 번이나 만나자는 전화 왔지만
코로나19 감염으로 차일피일
미루다가 마침내 오늘 만나
함께 국밥 먹기로 약속했는데

아마도 평생 다시 만나기 어려운
노년의 인생 마지막 약속
혼자서도 후룩후룩 잘도 먹는 국밥
오늘은 현진건 소설 '운수좋은 날' (2023.02.08.)

2월의 끝 날

어느 해 어느 달보다
야위어서 압축적인 달
갈등과 번뇌 망상은
도리어 비만이었던 2월

봄은 황사와 가뭄과
꽃샘추위가 심할수록
격하고 심한 만큼
화사한 봄꽃으로 피듯

2월의 번뇌와 갈등도
강한 만큼 자양분 되어
3월은 봄꽃처럼
아름답게 꽃피기를

산야에 흐드러질
벚꽃 진달래 개나리처럼
화려한 꽃과 색깔로
새롭게 태어나기를

(2023.02.28.)

제4부

2023.01

해맞이

억겁의 시간 속에
누가 특별히 맞이하지 않아도
한 번의 어김도 없었던 일출

새해의 정월 초하루 아침
올해는 지난해보다 특별하기를 기대하며
오늘도 새로운 마음으로 해를 맞는다

매일 동일 해도 언제나 새로운 태양처럼
사람도 누구 하나 똑같지 않아서
서로 다른 희망과 꿈과 욕망이 있지만
이루고자 하는 소망과 이루기를 바라는
기원은 누구나 동일하다

새해에는 꿈을 가진 사람들의
서로 다른 모든 꿈과 소망이
모두 이루어지고 만사형통하길
새해 첫날 욱일승천하는 해를 맞으며
두 손 모아 기원하면 오지랖일까

(2023.01.01.)

그림그리기

어린 시절은 용 하늘 땅 바다
호랑이 사슴 등 그리고 싶은 것은
무엇이든 그렸지

나이가 들면서 그림은
그리고 싶은 것을 그리는 것이 아니라
그릴 수 있는 것만
그려야 한다는 것을 알게 되었지

그래서 그릴 수 있는 것만 그리려
애를 쓰고 노력하면서도
그리고 싶은 것도 몰래 그리려 했지

그러다 보니 그려야 하는 그림도
그리고 싶은 그림도
제대로 그릴 수 없었지

모든 그림은 엉망이 되고
몰래 꿈꾸고 그리려던 용 그림은
마침내 이무기가 되고 말았지

(2023.01.08.)

낮은 삶

소나무처럼 당당하게
학처럼 고고하게
바위처럼 굳건하게
살리라 했는데

한 조각 뜬구름처럼
바람에 부대끼다
비가 되어
낮은 곳으로만 흐르다가

향기는커녕
자취도
흔적도 없이
벌써 저물고 있구나

한 번,
높이 날아보지도
힘을 준 헛기침도
너털웃음 웃어보지도
못한 채

(2023.01.04.)

덧칠

지학志學에 그리던 그림
이립而立에 하나를 택해

아름답게 빛나도록
채색을 시작했네

빛을 더하기 위해
무작정 덧칠을 했네

조각은 깎을수록 빛나고
아름다워진다는 이치도 모른 채

평생토록 그제도 어제도
덧칠만 하고 또 했네

고희를 지나 뒤돌아보니
움켜쥘수록
쉽게 빠져나가는 모래알처럼
빛나기는커녕 시커멓게 변했네

덧칠을 스크래치하거나 깎기에는
이미 때가 늦어버렸네 (2023.01.08.)

코로나의 선물

설연휴를 앞두고 들이닥친 코로나
가장이 먼저 눕자 모든 가족이
차례로 드러누워 집안은 쑥대밭

명절 때마다 힘들어했고
힘들어하는 자식들을 보며
명절이 성가시다 생각 했었는데

코로나는 자식들과 손자녀의 발길을
한참 동안 이유 있게 끊었고 명절 때도
건강을 핑계 삼아 끊게 된 왕래

명절날 당연히 못 올 줄 알면서도
자식을 기다렸을 선고비의 마음이
때 늦게 가슴을 적신다

명절이 이처럼 외롭고 섭섭한 것은
지금까지 자신의 잘못된 처신에 대한
응보라는 깨달음에 이르러서는

뿌린 대로 거두는 섭리일 뿐
늦었지만 오히려 인간 삶의 도리와
이치를 깨닫게 하는 코로나가 고맙다 (2023.01.22.)

저녁놀

불꽃보다
열정적으로
맑고 밝게
한낮을 살다가

서녘 하늘
온통 붉게 물들인 뒤
아쉬움만 남긴 채
순식간에 사라지는
저녁놀

인간도 너처럼 살다가
그렇게
갈 수만 있다면

언제
어디서
어떻게 가든

무슨 여한
있으리. (2023.01.11.)

차례 없는 명절

명절마다 미어터지는 공항과 관광지
입에 맞는 음식만 즐기며
희희낙락하는 관광객들
요즘같이 좋은 때에 차례는 무슨
귀신 풀 뜯어 먹는 소린가 한다

정성과 형식을 다한 음식을 준비해서
팔촌까지 모여서 사대조까지
종일토록 차례를 지내고 혈족끼리
유대를 강화하고 우의를 다지던 명절

조상들은 어리석고 무식해서
조상의 덕을 보기 위해 차례를 지냈고
그래서 힘만 들고 오히려 불행했을까

현대인들은 잘나고 현명해서
자신의 입에 맞는 음식만 먹고
가족끼리 연휴 때마다 해외여행이라도
다니면 더 행복하고 의미 있는 명절이 될까

시대적 변화와 흐름을 거스를 수는
없지만 명절이 명절인 이유와 인간이 왜
인간인지는 돌아봐야 하지 않을까 (2023.01.21.)

때 이른 겨울 봄비

작년에는 그렇게
애만 태우던 겨울 봄비

올해는 때 이른 때에
종일토록 전국을 적신다

엊그제 몇 송이 벙글었던
뒷동산의 철 이른 개나리
이 비 그치면 함께 모여
만세를 부르겠지

때를 놓친 매화도 서둘러서
뾰얗게 꽃잎을 떨치며
노란 화심 자랑하겠지

머지않아
들려올 봄꽃 소식에

귀는 간질간질
눈은 아질아질
마음은 심쿵심쿵 설렌다 (2023.01.13.)

혹평

계속된 코로나의 고통
어지러운 세계정세와 경제
아귀다툼의 정치 현실

불타는 트롯 경연
국민들에게 고통을 잊고
잠시나마 위안을 주는 청량제다

참가자들은 인생을 걸거나
현실적 삶의 도약을 위해
최선을 다해 권토중래를 꿈꾸지만

문전 나그네 흔한 대접
동냥을 못 줄망정 쪽박은
깨지 말라 했는데
단점을 만들어 내듯
꼬투리만 잡는 평가

경연자에게 도움도
평가자의 존재감도 더하지 못하고
시청자조차 부끄럽게만 할 뿐 (2023.01.21.)

풀무질

한쪽 이마는 불이 나고
두 눈은 시큰거리는데
뼈마디마다 바늘을 꽂고
몸과 피부는 태장을 맞은 듯
아리고 욱신거린다

마음은 미지근한데
몸만 불덩이처럼
달아오르는 것은

대장장이가 새 연장을
만들기 위해서
낡은 연장을 발갛게
달구고 두드리듯

조물주가 나태하고 낡은
몸과 마음을 새롭게 벼리라고
코로나를 시켜 밤새워 두드리고
풀무질하기 때문은 아닐까
황공하게도

(2023.01.11.)

개 보름 쇠듯

부모님 다 돌아가시고
형제자매들도 늙고 병들어
죽거나 나들이 어렵고
자식들마저 코로나로 격리된 명절

평소의 삶이라고 왁자하고
맛있던 것도 아니지만 명절이라서
오히려 개 보름 쇠듯 배고픈 것은
인간의 근원적 삶의 모습일 뿐일까

혼자 왔다 혼자 가고
공수래공수거 하는 것이 인생인 줄
누구나 알지만 새삼 깨닫는 명절은
개밥의 도토리 신세를 절감할 뿐

아무리 그럴 수밖에 없고
그런 것이 인생이라 체념해도
안타깝고 허전한 것은 마찬가지

(2023.01.22.)

낮달의 사랑

때 아닌 한낮에 뜨는
등 굽고 배부른 낮달
사랑에 배신당한 여인이다

매일 서로 뒤를 따르며 스토킹하던
해와 달 서로의 정성이 너무 애틋해
일 년에 두세 번 정도 만났을 뿐인데
달마다 배가 불러오는 반달

그리운 마음 금할 수 없어
때가 아닌 것을 알면서도
부끄러움마저 던져버리고
한낮에 해를 찾아갔지만

처녀가 부끄러움도 모르고
배부른 몸으로 대낮에 찾아왔다고
불같이 화를 내는 뜨거운 호통에
한마디 말도 못다 한 채
얼굴만 하얗게 질려
몸을 웅크리고 돌아서는 낮달

어두운 밤을 홀로 지새우며
만삭의 몸을 혼자 풀 때는
이를 갈며 분개했지만 스토킹하던
그리운 정은 차마 잊을 수 없어
홀쭉 야윈 모습으로
새벽에 다시 찾아갔지만
등 굽고 배 꺼진 모습
오히려 보기도 싫다는 호통 뿐

눈물을 훔치고 머지않아 찾아올
복수의 일식 날만 기다리며
하얗게 질린 얼굴
얼른 서산 뒤로 몸을 숨긴다

(2023.01.31.)

살아보면

흙수저 집안에 무지렁이로
태어났다면 억울하고 분한 일이
어디 한두 가지뿐이겠나

당할 때는 금방 죽을 것 같지만
시간이 지나서 돌아보면 전화위복도
있고 새옹지마도 있어서 무채색의 삶을
도리어 유채색으로 만들기도 한다

굴곡 없이 평탄한 길보다
적당한 굴곡과 높낮이가 있는 길이
훨씬 다양한 재미를 주듯
인생도 젊은 시절의 굴곡과 고통은
오히려 늘그막의 아름다운 추억이 되듯

오늘의 안정된 삶도 이전의 파란과
질곡의 덕분일 수 있다면
현실의 절망과 고통도 그러려니 하며
나중을 볼 일 아닐까

(2023.01.11.)

윤슬

별이 높은 하늘에 빛나는 꽃이라면
윤슬은 함께 모여야 빛나고 아름다운
가장 낮은 바다의 은하수다

별은 어둠 속에서만 아름답게 꽃피지만
윤슬은 낮이나 달밤에도 빛나는 별이다

별이 높은 꿈과 이상의 상징이라면
윤슬은 가장 낮은 민중들이
어울려야 빛나는 작은 꿈이다

별은 밤이 어두울수록 빛나지만
윤슬은 날이 맑고 밝을수록
함께 빛나고 아름답게 피는 꽃이다

윤슬은 낮아서 더 아름다운
바다의 꽃이자
민중의 빛나는 별이다

(2023.01.02.)

지족知足

남 눈의 티끌은 보여도
자기 눈의 대들보는 보지 못하듯
남의 분수는 누구나 재단할 수 있지만
자신의 분수는 누구도 알기 어렵다

공수래공수거는 누구나 알고 있지만
늙을수록 욕심은 더 커진다 했는데
누가 감히 욕심을 다 이루거나 비워서
지족한다고 말할 수 있을까

남 밥그릇의 콩이 커 보이고
계두가 된 자는 우후를 부러워하고
우후는 언제나 계두를 부러워하듯
욕심을 줄이고 달관하지 않는 한
지족은 누구도 이루기 어렵다

분수가 현실이고 욕심이 꿈이라면
자신의 분수에서 남의 욕망을
제단하고 폄훼하는 것은
도리어 제 분수를 모르는 오만 아닐까

(2023.01.06.)

손발톱

인생에는 기대하거나 기다리지 않아도
끊임없이 자라고 다가오는 것이 있는 반면
아무리 기대하고 기다려도 끝내 찾아오지도
이루지도 못하는 것도 있듯

손발톱이나 머리털은 주마다 월마다
자르고 깎아도, 자라는 것을 불편하고
성가시게 여겨도 어김없이 원상태를
회복하고 때를 어기면
도리어 웃자라서 흉하게 되지만

누구나 이루기를 기대하는 꿈과 희망은
세월이 지나면서 기대는 기대일 뿐
나이가 들수록 점점 줄어들다가
늙으면 아예 사라지고 현실만 남게 된다

손발톱을 깎다가 꿈도 희망도 손발톱
같다면 참 좋겠다 생각하지만 인생은
언제나 아이러니한 것임을 새삼 깨달을 뿐

(2023.01.31.)

최강 한파

올해 들어 전국에 내려진
최강 한파와 폭설 경보
남쪽 지방에 살면서도 오랜만에
오금이 시린 추위를 맛본다

명절 연휴 내내 코로나와 독감으로
전전긍긍 서로 오가지도 못했는데
뜻밖에 찾아온 한파처럼 연락도 없이
불쑥 찾아온 아들 내외와 손녀

명절에 오지 못한 것도
연휴의 마지막 날 찾아온 것도
그럴 수밖에 없었다고
이해하지 못할 것도 아니지만

설 명절을 혼자 보내며 개 보름 쇠듯
설렁했던 마음 풀어지지 않아
'어찌 왔나?' 덤덤하게 물을 때

갑자기 집안이 군불 땐 아랫목처럼
훈훈하고 몸이 가뿐해지는 느낌은
내가 늙은 탓만일까

(2023.01.24.)

시간의 적당한 속도

시간은 인간이 인위적으로
균일하게 분절한 단위기에
빠르거나 느릴 수도 없지만
느낌은 사람마다 서로 다르다

젊은 사람은 할 일이 많아 오늘이
언제나 너무 짧고 빠른 반면
월급도 받고 진급도 해야 되는
해와 달은 항상 느려서
달력을 미리 넘겨본다

늙은 사람은 할 일도 할 수도 없어
하루하루가 너무 길고 지겨워
오늘은 항상 내일만 기다리지만
해와 달은 너무 허무하고 빨라서
자꾸만 지난달과 해만 뒤돌아본다

시간의 적당한 속도는 젊은이의
매일이 너무 바쁘지도 않고
달력을 미리 넘겨보지 않아도 되고
늙은이가 내일만 기다리지도
날마다 지난달과 해를 뒤돌아보지
않아도 되는 그런 속도와 삶 아닐까 (2023.01.18.)

개님. 사람놈

옛날에는 하늘 땅 사이 만물 중에
사람이 가장 귀하다 했고
가장 더럽고 못나고 부정적인
것에는 앞에 -개-라는 접두사를
붙여서 욕설 등으로 사용했지만

젊은 부부가 개를 안고 가다가
개가 낑낑대면 아가 아빠 엄마가
여기 있다며 달래기 시작하면서
개가 사람의 영역에 들어오고

개가 반려견이 되면서 길을 가다가
개가 오면 사람이 비켜서고 길에
똥을 싸도 사람은 벌금을 내지만
개는 사람이 똥을 치고 닦아준다
또 개가 사람을 물면 돈을 물어
주면 되지만 사람이 개를 치면
동물학대죄로 처벌을 받게 된다

마침내 개가 인간 위에 자리하면서
개님과 사람 놈이 완성되고 욕하거나

천하고 부정적인 것을 가리킬 때의
접두사도 개- 대신 사람-
등으로 써야 마땅한 시대가 되었다

"우리 개는 사람을 물지 않아요"
"그렇겠지"
개가 사람 물면 개새끼겠나
사람새끼지

(2023.01.09.)

제사祭祀

족보가 신분을 보장하던 시대에는
신분이 높았던 조상을 불천위라 하여
서로 제사를 모시고 신분을 계승하며
추원보본을 삶의 근본으로 여겼다

부富가 신분과 삶의 의미를 대신하며
자식을 낳고 키우는 것은 고통이고
가난한 부모는 '뭐하려고 낳으셨나요'라는
자식의 원망을 운명으로 여기게 되자

돈이 신이 되고 조상이 된 시대에
부富를 대물림하지 못한 부모는
평생 자식에게 미안해야 하고
제사는커녕 효도라는 말조차
부끄럽고 부담스러운 오늘이 되었다

수구초심首丘初心도 근본도 모르고
전도된 뿌리 뽑힌 세상이라 욕하면
오히려 시대착오적인 헛소리일 뿐일까

(2023.01.03.)

제5부

2022.12

함박눈

지난 밤 사람 몰래 내린 눈이
발목까지 덮게 되면 동네사람들에게는
겨울철 낭만적인 새로운 삶이 열린다

집집마다 먹이를 찾아 인가 근처를
내려오는 산짐승을 잡으려고
어른들은 덫과 올무를 만들고

아이들은 아침부터
동무를 불러서 눈 덮인 산에 올라
토끼몰이에 여념이 없다

아이들은 발이 얼고 배고픈 것도
잊은 채 하루 종일 산을 뛰어다니지만
토끼의 그림자도 구경하지 못하고
빨갛게 언 귓불만 만지며 집에 돌아온다

오늘도 그때처럼 함박눈이 푹푹 내리면
토끼몰이할 수는 없어도 그 시절의
추억이라도 먹을 수는 있지 않을까

(2022.12.20.)

양파

정치인들은 국민을 좌파나 우파로
나누고 줄을 세워 자기 당파가 아니면
공격해서라도 자기파로 만들어야만
직성이 풀리는가 보다

국민들은 정치를 잘 몰라서
음식의 양념인 대파나 양파만 알 뿐
좌파니 우파니 하는 당파는 알지도
못하는데 국민을 무슨 파라하며
비난하니 복장이 터질 지경이다

딱히 정치적으로 무슨 파를
선택해야 한다면 국민들의 대부분은
이파도 저파도 아니고 자신들에게
이로운 매콤 달달한 양파다

국가가 발전하고 살기 좋으면 그만이지
국민들이 왜 그깟 무슨 파를 선택하고
선택해야 하는지 어리석은 백성으로서는
도무지 이해가 가지도 이해할 수도 없다

파가 그리 좋다면 당파 싸움 그만하고
차라리 시골에 가서 대파나 실파나
양파 농사라도 짓는 것이 어떨는지

(2022.12.02.)

새 아침

누구나 잠을 자면서 내일의
새 아침을 의심하는 사람은 없지만
그렇다고 누구에게나 새 아침이
찾아오는 것은 아니다

다음 날 새 아침 대신
다음 세상을 맞는다면 어떡할까

할 일이 많이 남았고
건강하고 젊은 사람에게는
그보다 두렵고 무서운 일이 없겠지만

늙고 병들었고 할 일도 없고
가라는 곳도 오라는 곳도 없어
고통만 남아 생불여사生不如死한
사람에게는 오히려 축복 아닐까

어차피 더 이상 움치고 뛸 수도 없고
머지않아 반드시 가야하고

두려움도 고통도 모르고 없이
잠자다가 가는 것은 인생 최대의
축복이라는 말이 진실이라면 (2022.12.12.)

고드름

고드름은 위로만 자라는
죽순 같은 낭만이 아니라
아래로만 자라는 가난이다

날이 차갑고 한파가 덮칠수록
고드름은 크게 빨리 자라고
애를 쓸수록 아래로만 자란다

고드름은 땅바닥에 머리를 처박고
더 이상 자랄 수 없을 때까지
멈추거나 위로 자랄 수는 없다

가난은 구조적이고 운명이라서
아무리 노력해도 쉽사리
회복이 불가능한 현실처럼

봄이 오고 날이 따뜻해져도
고드름은 녹아서 사라질 뿐
다시 위로 자라지는 못한다

(2022.12.19.)

무궁화 열차

시들은 노년은 무궁화 열차다

노인은 앉았다가 일어서면
무릎에서 따닥 소리가 나고
끙하는 신음과 함께 비틀거리다가
겨우 일어서서 느릿느릿 걸으며
걷는 내내 자주자주 쉬어야 하듯

무궁화 열차도 한때 비둘기호
통일호를 호령하던 고급 열차였는데
이제는 출발할 때마다 덜컹 주춤거리고
속도가 제대로 나지 않아 느리고
역마다 쉬어야 한다

무궁화 열차는 날랜 KTX라도 오면
한쪽에 비켜서서 지나가기를 기다렸다가
출발하며 어쩌다 좁은 터널을 지날 때는
무서운지 온몸을 떨며 서럽게 울기까지 하듯

노인은 겁도 많아지고 눈물도 많아져서
혼자 다니는 것을 꺼리고 걸음 빠른

젊은이가 다가오면 한쪽으로 비켜서서
지나간 뒤에야 다시 길을 간다

늙고 노쇠한 노인은 남은 날이
많지 않은 무궁화 열차다

(2022.12.21.)

시상의 원류

번뇌와 갈등 좌절과 절망은
시상의 원류이자
시를 낳은 어머니다

바람이 없으면 파도가 일지 않고
파도가 없는 바다는 호수처럼
너무 조용하고 잔잔해서
어떤 위험도 없지만
재미도 없듯

불후의 명작들도
국가와 민족이 풍전등화의
위기에 처하거나
작가가 절망과 좌절에 빠진
극한 상황에서 창작되었다

시는 작가의 번뇌와 갈등 속에
좌절과 절망을 딛고 피어나는
아픔의 꽃일 뿐인가 보다

(2022.12.11.)

눈 내린 아침

문풍지 서럽게 울던 밤을 지낸 아침
문종이 바른 격자문이 너무 희붐해서
늦잠 잤는가 놀라 벌떡 일어나 문을 열면

마당에는 백설기 떡 같은 흰 눈이 두툼하고
울타리 뒤에 서 있는 느티나무에는
가지 끝마다 눈꽃이 만발하여 신비롭고도
환상적인 새 세상이 졸린 눈을 크게 만든다

너무 이르니 좀 더 자고 나오라는 아버지의
만류도 듣지 않고 환호성을 지르며 마당에
나가 발자국을 찍고 눈사람을 만들곤 했다

아침을 먹은 후에는 마당과 집 앞의 눈을
쓸고 치우는 일이 여간 힘들지 않았지만
오후에 친구들과 토끼몰이 하러 갈 즐거움에
눈 치우는 일이 전혀 힘든 줄도 몰랐다

요즘은 오랫동안 눈을 보지도 못했지만
다른 지방의 눈 소식만 들어도 그 때의
추억들이 눈에 삼삼 함박눈처럼 쏟아진다 (2022.12.19.)

시 쓰기의 양면성

시 쓰기는 즐겁고 행복한
일이라는 말은 거짓이거나
시인의 말이 아니다

시인의 시 쓰기는 시인의
피와 생명을 바쳐야 하는
고통이고 아픔일 뿐이거나

임신부의 출산 과정처럼
죽음 같은 고통을 지나 신생아를
보는 순간 느끼는 기쁨일 뿐

시인이 한 달에도 몇 번씩이나
붓을 꺾어버릴까 절망하면서도
계속 시를 쓰는 것은

시인의 피를 먹고 태어난 시는
생래적으로 출산의 고통과 탄생의
환희를 동시에 내재하기 때문 아닐까

(2022.12.08.)

권토중래捲土重來

실패한 자라면 누구나 꿈꾸고
시도해 보지만 성공한 자가
많지 않은 권토중래

한나라 유방은 권토중래를 위해
촉 지방에 유폐를 당했을 때
스스로 잔교를 불태우고 자신을
유폐해서 항우를 속여서 성공했다

오월동주의 주인공 구천과 부차도
복수하고 권토중래하기 위해
와신상담하며 상대의 개가 되어
상대를 안심하게 만들었기에 상대를
속일 수 있었고 성공했다

권토중래는 풀을 쳐서 뱀을 놀라게
하듯 상대를 놀라게 할 것이 아니라
오히려 상대가 안심하도록 자신을
죽이고 힘을 기르며 때를 기다릴 줄
알아야 성공할 수 있는 것 아닐까

(2022.12.26.)

노숙자

한데 잠을 자는 노숙자는
겨울철에 얼어 죽을 수 있다고
걱정하고 안타까워하는 존재지만

노숙자는 보호소나 쉼터를 거부하고
뱀들처럼 끼리끼리 한데 모여
소주 몇 잔에 언 몸을 녹이며
겨울을 넘어서는 노숙이
오히려 행복하다

노숙자는 수없이 속으면서도 가져야 했던
모든 기대와 희망을 던져버렸기에
몸은 비록 춥고 힘들고 배고프지만
쓸데없는 기대와 희망을 붙잡고
희망 고문당하는 것보다 훨씬 낫다면

노숙자에게 필요한 것은
값싼 동정이나 작은 적선이 아니라
언젠가 반드시 이룰 수 있다는
기대와 희망의 확신 아닐까?

(2022.12.24.)

욕심

분수에 넘치도록 무엇을 탐내거나
누리고자 하는 마음은 욕심이라서
누구나 버리고 비워야 행복해진다며
혐오하고 멀리하고자 하는 것이지만

인류의 발전과 번영이 분수만 지키고
더 나은 것을 탐내고 더 나은
삶을 누리고자 하는 욕심 없이도
이루어질 수 있었을까

욕심은 삶의 원동력이자 활력이고
더 나은 삶을 위한 필수 불가결한
요소이자 기초일 뿐이거나
욕심 없이는 어떠한 발전도 행복도
더 나은 삶도 이룰 수 없다면

너무 지나쳐서 남에게 피해를
주지 않는다면 욕심은
오히려 클수록 좋은 필요악 아닐까

(2022.12.04.)

불후의 작가

글을 쓰는 사람이라면
누구나 대단한 작품을 써서
불후의 작가가 되기를 희망한다

불후의 작가가 되기 위해서는
혹자는 다작을 해야 한다 하고
혹자는 과작이라도 특별히 뛰어난
작품을 써야 한다고 한다

밤하늘의 별이 아무리 많아도
하나의 달을 넘어서지 못하지만
달이 아무리 밝아도
은하수처럼 아름답지는 못하듯

문학 작품도 다작이 다 좋은 것도
과작이 더 좋은 것도 아니다

진정으로 불후의 명작과 작가가
되려면 다작의 많은 작품을 남기고
그 가운데 특별히 뛰어난 작품도
더러 있어야 가능할 뿐 아닐까 (2022.12.22.)

주욕신사

절대군주인 왕은
옳지 않아도 옳고 농담도 진담이 되고
항상 군림하고 명령하고 상과 벌을
주관하는 존재일 뿐이라서

왕의 농담이나 틀린 말은
해도 하지 않았기에
사과도 하지 않는다
왕이 굴욕을 당하고 사과를 할 때는
주욕신사主辱臣死할 때 뿐이다

나라에 무슨 일이 있어도
왕은 최후에 죽는 존재일 뿐이라는
주욕신사가 21세기에 새삼
생각나는 것은 무슨 까닭일까

대통령도 왕처럼
짐이 곧 국가이고 잘못할 수도
사과할 수도 없는 존재이기 때문일까

(2022.12.06.)

탑 쌓기

누구나 꿈은 이루어지고
삶은 영원하기를 바라며
탑을 쌓고 쌓지만

삶은 마침내 죽음으로 나아가고
탑은 언젠가 무너져서
꿈은 머지않아 깨지게 마련이다

그래도 꿈을 꾸고
영원할 것처럼 삶을 살고
끊임없이 탑을 쌓는 것은

꿈을 꾸고 탑을 쌓는 것
자체가 인간의 삶이고
희망이고 행복이기 때문 아닐까

(2022.12.23.)

횡재橫材한 날

뜻밖에 얻은 재물을 횡재라 한다면
잃었다고 생각했던 재물을
잃지 않은 것도 횡재다

어느 날 친구 만나러
외출하려다가 알게 된
갑자기 사라진 지갑의 행방

책상 서랍 틈틈이 옷의 호주머니
짬짬이 집안 곳곳을 이 잡듯
뒤져도 흔적도 없는 지갑

마침내 분실신고를 하려다
행인임발우개봉行人臨發又開封이 생각나서
다시 점검 중 우연히 찾게 된 지갑
뜻밖의 재물을 얻은 듯 횡재한 기분

모든 것은 생각하기 나름
뒤집어 생각하면 잃지 않은
오늘은 언제나 횡재한 날
얼마나 다행하고 행복한 날인가 (2022.12.10.)

말단

장군은 전쟁터에서 승리하면
훈장을 받고 영광을 누리지만
말단 병사는 죽어도 전사자가 될 뿐
패배하면 말단 병사들이 용맹하지
못한 탓이라 비난을 받듯

윗전은 언제나 군림하고 호령하며
권력을 향유할 뿐 문제가 생겨도
모르쇠로 일관하거나 발뺌하며
꼬리 자르기나 희생양을 통해
어렵잖게 위기를 모면하지만

말단은 언제 어디서든
힘든 일은 도맡아 하고
꼬리를 흔들며 웃음을 흘려도
어떤 문제라도 생기면 죄가 없어도
죄인이 되어 꼬리처럼 잘리거나
희생되는 희생양이 될 뿐

(2022.12.06.)

손녀의 재롱

손녀가 방문하는 날은 잔칫날
올 때마다 할아버지와 놀이터에서
한 두 시간 운동 삼아 놀다 간다

놀다가 집에 들어올 때는
언제나 '할아버지 다리에 힘이 없어요.
업어주세요' 한다

옛날에는 업어달라지 않으면
도리어 섭섭했지만 이제는 무릎이
아파서 재롱인 줄 알면서도 거절하면
손녀가 섭섭해서 삐죽거린다

손녀는 업어주지 않아서 섭섭하고
할아비는 손녀를 업어주지 못해서
오히려 손녀보다 더 섭섭하다

세월은 손녀와 할아비 사이도
점점 멀어지고 소원하게 만드는
심술꾼인가 보다

(2022.12.17.)

년말年末

할 일이 없어도
마냥 바쁘기만 했던 연말

반성과 회한과 아쉬움이
더하기만 했고

그래서 슬프고 힘들었지만
새로운 각오와 다짐이
교차했던 연말

이제는 할 일도
할 수 있는 일도 없어
오히려 옛날이 그리운 연말

인생의 사이클과 끝을 절감하며
찾을 이도 할 일도 없어
한가하기만 해도

다가올 새해에 대한 기대는
누구도 내려놓을 수 없는 연말

(2022.12.30.)

근하신년謹賀新年

연말연시가 되면 누구나 주고받는
송구영신하고 근하신년 한다는 인사말

보낼 옛것도 맞이할 신년도 많이 남지
않은 노년에게는 근위신년謹慰新年이
오히려 어울리는 말이라 생각하지만

어차피 가는 세월 멈출 수 없는 것
근하신년도 새해에는 건강하고
행복하고 복 많이 받으라는 덕담의
다른 표현이라 이해할 수 있다면

며칠 후에 모두가 맞게 될 새해
세상 모든 사람들에게
건강하고 행복하고 복 많이 받으시라고

송구영신 근하신년 하세요
새해 인사말이라도 전하고 싶다면
분수를 모르는 건방진 생각일까

(2022.12.23.)

weii-dying(웰다잉)

인간의 복 중에 자는 잠결에 죽는
즉음을 가장 편하고 행복한
죽음이라 말하기도 하지만

자는 잠결에 죽는 죽음은 옆을 지키는
사람이 잠을 자는 도중에 망자가 죽은
것인지 실제로 망자가 자다가 죽은
것인지 알 수가 없어 망자가 죽을 때의
고통 여부는 누구도 알 수 없을 뿐

죽을 때는 누구나 숨이 막혀 죽으니
자다가 잠결에 죽으나 깨어 있는
상태에서 죽으나 죽는 자의 숨 막히는
고통은 산 자의 추측일 뿐 죽어보지
않은 산자는 누구도 알 수 없다

고통은 나눌수록 줄어든다 했으니
모든 고통을 혼자만 알고 고독하게
죽는 것보다 차라리 스스로 죽음의
방법을 선택하거나 가족이 임종을
함께 나누는 죽음이 가장 편안하고
복 받은 죽음 아닐까 (2022.12.16.)

발문跋文

문학적 표현의 비틀기

요즘 부산 문단의 화두는 표현에 있어서 '낯설게 하기' 나 '비틀기'가 대세인 것 같다. 물론 낯설게 하기나 비틀기가 문학의 참신성과 독창적인 표현을 다르게 나타낸 말이라면 문학적 표현의 독창성이나 참신성은 어제오늘의 이야기가 아니고 시대를 넘어 문학 장르가 늙어갈수록 장르마다 끊임없이 제기되고 강조되던 말이다. 뿐만 아니라 진부한 형식이나 표현에 맞서는 독창성과 참신성의 강조는 언제나 새로운 장르의 탄생이나 장르 형식의 변화와 발전에 기여하기도 했다는 점에서 낯설게 하기와 비틀기의 강조는 일견 타당하고 마땅한 시대적 조류라 하겠다.

그러나 새로운 장르의 탄생과 변화는 수많은 시행착오와 수정을 거친 끝에 작가와 독자의 공감 속에 서서히 이루어지는 것이지 특정 이론가나 작가에 의해 갑작스럽게 이루어지고 형성되는 것은 아니다.

이런 측면에서 보면 오늘날의 낯설기와 비틀기를 자신의 특별한 독창성이라 생각하는 몇몇 작가들과 특정 비평가들에 의해서만 진행되고 또 낯설게 하기가 너무 낯설어서 무슨 말인지 누구인지조차 알 수도 없고 비틀기가 너무 비틀어서 탈골이나 골절이 된 탓인지 혹부리영감 혹 떼려다 하나 덧붙이듯 무슨 의미인지 도무지 알 수도 없는 지경에 이르고 있다. 뿐만 아니라 문학 작품이 독자들의 외면만 받는 작금의 독서 현실 속에서 지나친 낯설게 하기와 비틀기는 독자들의 불신만 자초하고 가중하는 일이 될 뿐 작가의 문학 창작이나 발전은 물론 독자의 독서에 별로 도움이 되는 것 같지도 않다.

더구나 특정 평론가나 이론가들이 '낯설게 하기'나 '비틀기'만이 독창성과 참신성을 담보하는 것이고 그렇지 못한 작품은 문학 작품도 아니라는 식의 극단적인 치우침과 평가 그리고 그러한 평가에 부화뇌동하는 작가들의 행태는 과유불급이나 교각살우의 문제만 보여주거나 키울 뿐 문학의 발전에 어떤 도움도 이로움도 주지 못하는 것 같다. 그리고 문학 작품의 구성 요소는 표현만이 아닌데도 문학 작품의 표현만이 작품의 가치를 결정하는 대표적 요소인 듯 낯설게 하기와 비틀기를 전가의 보도처럼 문학 작품 평가의 대표적인 기준으로 삼는 것은 본말전도의 더욱 큰 문제라 하겠다.

다만 필자는 전문적인 문학 이론가나 비평가가 아니기에 본격적인 문학 이론이나 연구의 방법 그리고 비평 등은 전문가에게 맡겨두고 늦깎이로 몸담았지만 본격적인 창작의 길에 들어선 사람으로서 창작 과정에서 느낀 낯설게 하기와 비틀기의 일반적인 문제점만 몇 가지 짚어보고자 한다.

물도 고이면 썩고 바위도 늙으면 먼지로 돌아가듯 문학도 오래되면 형식이나 표현이 진부하고 지루할 때 형식의 파괴나 표현의 변화를 추구하는 것은 고금의 진리이고 이런 과정을 통해서 새로운 장르의 탄생과 변화를 가져온 것도 역사적 사실이다. 그래서 문학의 모든 장르는 끊임없이 변화 발전하고 표현도 새롭고 독창적이고 참신한 표현을 추구하는 것은 문학 자체의 생래적 운명이라 하겠다.

조선 시대 실학자 박지원은 기존의 문학 표현 방식이 너무 고문에 치우쳐서 문학적 표현에 적합하지 않다는 생각 아래 '법고창신法古創新' 즉 옛것을 법 받아 근본으로 삼되 새롭고 독창적으로 표현해야 한다고 주장하며 열하일기와 허생전 호질 등의 문학 작품을 발표하자 그 작품들이 단박에 그 시대 문학적 표현의 화두가 되었고 마침내 문체반정이란 사회적 문제를 일으키기도 했지만 후대에 모두가 추종하는 문체가 되었다.

이러한 역사적 사실을 근거로 보면 지금의 '낯설게 하기'와 '비틀기' 등의 표현 방법도 오늘날의 시대적 요구이고 매우 필요한 현상이라 할 수도 있다. 그러나 문학사에서 최고봉이라 일컫는 작가들의 표현 방식을 보면 지나친 낯설게 하기와 비틀기만이 표현의 최선은 아닐 수도 있다는 반론이 가능하다.

조선 시대 시가 문학의 최고봉이라 평가받는 윤선도나 여류 시인으로 높이 평가받는 기녀들의 시조가 그 근거다. 이들은 일상적인 우리의 말을 적재적소에 잘 다루어 썼을 뿐 낯설지도 비틀지도 않았지만 누구나 사랑하고 감탄하고 감동하는 시를 썼고 또한 오늘날까지 최고봉이며 시어의 연금술사라 높이 평가 받는다.

그리고 문학 작품의 참신성은 표현의 참신성에서만 드러나는 것이 아니라 남다른 작가 의식이나 시각이나 사상이나 내용 주제 등의 깊이와 참신성에서도 드러난다는 것을 명심해야 할 것이다. 뿐만 아니라 문학 작품이 표현의 참신성에만 방점을 두면 빛좋은 개살구가 될 수도 있음을 작가는 언제나 염두에 두어야 하는 것 아닐까 한다.

물론 시대와 상황의 차이가 있고 작가 수준과 세계적 조류가 있기도 하고 강조하기 위한 의도적인 극단일 수도 있지만 낯설거나 비틀지 않으면 문학적 표현이 아니라거나 너무 낯설어서 무슨 말인지 알 수도 없고 너무 비틀어서 도무지 이해할 수도 없는 표현을 가장 잘한 표현이라 칭찬하는 것은 강조하려다 너무 한쪽에 치우친 평이거나 평가일 뿐이라 생각된다.

문학 작품의 한쪽으로 치우친 표현상의 문제는 먼저 작가의 측면에서 찾을 수 있다. 작가가 작품을 쓰는 이유는 작가가 의식을 하든 하지 않든 결국 모든 문학 작품은 남에게 읽히는 것을 전제로 작품을 쓴다. 영원히 아무도 읽지 않을 것이라면 어느 누구도 쓰지도 쓰려고 하지도 않을 것이다. 지금 당장은 아니라도 언젠가 누군가 읽고 공감하고 박수 쳐 주기를 기대하고 그런 기대가 있기 때문에 글을 쓴다고 할 수 있다.

그런데 표현이 너무 낯설고 비틀어져서 무슨 말인지 알 수도 없다면 지금은 물론 지금도 읽히지 않는 작품을 나중에라도 누가 읽겠는가? 물론 특별한 능력을 가진 비평가나 평론가들이 읽고 멋지다고 평가하기도 하겠지만 넓은 의미로 보면 평론가나 비평가도 많은 독자 중의 한 명일 뿐이라면 작가는 그들만을 위해서 그들의 평가를 받기 위해 글을 쓰겠는가?

그러므로 글은 누구나 읽고 가능하다면 많은 사람이 읽고 공감하고 감동할 수 있도록 써야 한다. 그렇다고 독자들의 기호에만 영합하여 통속적인 작품을 쓰자는 것은 아니다. 다만 독자의 공감과 감동을 위해서는 당연히 지금까지의 진부한 표현과는 달리 자기만의 독창성과 참신함을 드러낼 수 있고 신선한 느낌을 줄 수 있는 표현은 필수이고 언제 어디서든 필요하지만 너무 낯설고 비틀어서 이현령비현령을 넘어 독자가 무슨 말인지도 알 수 없거나 알지도 못하는 그런 글을 써서는 안 된다는 것이다.

또 수용미학의 이론을 가져오지 않더라도 독자의 입장

에서도 그렇다. 독자는 왜 글을 읽는가?

비평가나 평론가는 먹고살기 위해서 읽기도 하지만 대부분의 일반 독자들은 무엇을 배우거나 알기 위해서 억지로 글을 읽기보다 문학 작품은 보면서 즐겁고 읽고 난 뒤에 감동을 받고 읽는 과정에 재미를 얻기 위해서 글을 읽는다.

그런데 비평가나 평론가의 해설이나 도움을 받지 않으면 도무지 무슨 말인지 알 수도 없고 한번 읽어서는 이해하기도 어렵다면 주변에 다른 즐길 거리와 편하게 즐길 거리가 수도 없이 많은 현실에서 누가 무엇을 위해 많은 시간과 금전을 들여가며 문학 작품을 구입해서 읽고 고통을 감내하려 하겠는가?

문학 작품이 진부하고 지루함을 벗어나서 자기만의 독창성과 신선함을 주기 위해 사용한 낯설기와 비틀기가 오히려 독자들에게 고통을 주고 독자와의 거리를 더 멀어지게 해서 작품을 영영 읽히지도 않는 그런 작품으로 만들고 만다면 이러한 글쓰기는 작가와 독자 어느 쪽에게도 도움이 되지 않는 글쓰기 방법인 것이 분명하다.

그렇다면 무엇을 위해 낯설기와 비틀기가 필요하겠는가? 참신한 표현을 위한 비틀기와 낯설기가 마침내 비평가들만 알고 그들의 해박한 지식과 해석의 능력을 과시하는 역할만 담당한다면 작가는 그런 글쓰기를 다시 한번 생각해볼 문제 아니겠는가?

참신한 표현과 글쓰기는 시대를 넘어 언제 어디서든 필요하고 참신해야 좋은 글이라 평가되는 것도 시대를 넘어 평가의 기준이 되는 것도 사실이다. 그래서 적당한 낯설기와 비틀기는 주제의 모호성이나 이현령비현령을 강화해서 작품의 품격을 높여 주는 기능도 한다. 다만 참신하려다 허깨비를 그리고 독창적이려다 괴물을 만들어서는 안 되듯 낯설기나 비틀기도 참신하고 독창적인 표현의 한 방법일 뿐이라면 글을 쓸 때는 언제나 과유불급을 염두에 두고 너무 지나쳐서 무슨 말인지 도무지 알 수도 없는 '아무 말 대잔치'가 되지 않는 선에서 낯설고 비트는 그런 비틀기와 낯설기가 되어야 하지 않을까 한다.

(2023.08.21.)

마중물

초판1쇄 발행 2024년 4월 12일

지 은 이 김수봉
펴 낸 이 이길안
펴 낸 곳 세종출판사

주소 부산광역시 중구 흑교로 71번길 12 (보수동2가)
전화 051-463-5898, 253-2213~5
팩스 051-248-4880
전자우편 sjpl5898@daum.net
출판등록 제02-01-96

ISBN 979-11-5979-672-2 03810

정가 12,000원